# KOLJA Kleeberg

## Meine Lieblingsrezepte mit dem Thermomix®

**Impressum**

Math. Lempertz GmbH
Hauptstraße 354
53639 Königswinter
Tel : 02223 / 90 00 36
Fax: 02223 / 90 00 38
info@edition-lempertz de
www.edition-lempertz de



Dieses Kochbuch wurde nach bestem Wissen und Gewissen verfasst. Weder der Verlag noch der Autor tragen die Verantwortung für ungewollte Reaktionen oder Beeinträchtigungen, die aus der Verarbeitung der Zutaten entstehen. Der Markenname „Thermomix" ist rechtlich geschützt und wird nur als Bestandteil der Rezepte verwendet. Für Schäden, die bei der Zubereitung der Gerichte an Personen oder Küchengeräten entstehen, wird keine Haftung übernommen. Bitte beachten Sie die Anwendungshinweise der Gebrauchsanweisung Ihres Thermomixgerätes.

Rezepte: Kolja Kleeberg
Fotos: Marco Hartz

Titelbild: Marco Hartz, © Getty Images
Lektorat: Team mixtipp, Christina Meuser
Layout/ Satz: Ralph Handmann, Andrea Martens
Gesamtherstellung: CPI

ISBN: 978-3-945152-33-1

FSC www.fsc.org
MIX
Papier aus verantwortungsvollen Quellen
FSC® C083411

# KOLJA Kleeberg

## Meine Lieblingsrezepte mit dem Thermomix®

EDITION LEMPERTZ

# INHALT

## Saucen



## Gebäck



## Desserts



## Kochen mit Kindern

## Liebe Freunde des guten Geschmacks und des kreativen Kochens, liebe Anhänger des Thermomix!

Vor Ihnen liegt mein erstes Kochbuch für den Thermomix.

Thermomix und Kolja Kleeberg? Wie kommt das? Wie geht das? 30 Jahre Sterneküche, 20 Jahre davon in meinem eigenen Restaurant VAU. Und jetzt der Thermomix?

Zunächst zu mir selber, Gerhard Nikolaus Kolja Kleeberg. Ich bin geboren und aufgewachsen im Rheinland; meine Mutter war Lehrerin, mein Vater juristischer Dozent, tja, und die Eigenschaften von Pädagogen sind wohl irgendwie durchgeschlagen. Ich vermittele gerne mein Wissen, gebe gerne meine Erkenntnisse weiter, und wenn ich ein Thema für mich entdeckt habe und davon überzeugt bin, dann umso leidenschaftlicher. Zunächst führte mich mein Weg nach dem Abitur zum Theater – kein Wunder also, dass ich später im Zuge des Kochbooms im Fernsehen auch vor der Kamera gelandet bin, in Sendungen wie „Kocharena", „Kerner kocht" und „Küchenschlacht". Mein Thermomix wurde auch dort zum Mitspieler und stetigen Begleiter.

In der professionellen VAU-Küche, wo es täglich um kreative Perfektion, um das Austüfteln von winzigen Nuancen geht, da hat der Thermomix schon lange Einzug gehalten. Er wird wie ein zusätzlicher Mitarbeiter eingesetzt, der rührt, knetet, warme Saucen aufschlägt und uns hilft, temperatur- und grammgenaue Rezepturen zu entwickeln.

Mit genau dieser Idee bin ich jetzt an meine Lieblingsrezepte für daheim rangegangen. Gerichte, die Spaß machen, schon beim Ausdenken, beim Einkaufen, beim Rumprobieren – und erst recht beim gemeinsamen Essen.

Kein Wunder, der Thermomix ist ja auch nichts für spaßbefreite Langweiler, sondern für „Lusthandwerker". Das ist für mich Kochen: LUST-HANDWERK.

Viele Privatköche, die zum ersten Mal den Thermomix vor sich haben und in Rezepten Dinge wie „Stufe 3/ 10 Sekunden, dann Stufe 5/ 30 Sekunden bei 37°C" lesen, mögen zunächst stutzen und sich gar in ihrer Kochfreiheit beengt fühlen. Aber genau das Gegenteil ist das Ziel und auch der Fall: Hat man sich einmal eingefuchst und die Grundprinzipien verinnerlicht, kann man den Thermomix fast als Spielgefährten, als Partner beim kreativen Kochen sehen, denn auch „frei Schnauze Spaß-Kochen" geht mit ihm.

Meine hier zusammengestellten Rezepte möchte ich Ihnen als Anregungen geben, als Ideen, mit denen man spielen kann. Schmecken Sie mal mit anderen Gewürzen ab, kombinieren Sie anders, folgen Sie einfach Ihren Inspirationen! Der Thermomix gibt Ihnen die Freiheit dazu.

Und wenn man weiß, dass Professor Peter Schmidt, der Designer meines Restaurants namens VAU, auch der Designer des Thermomix ist, sieht man, wie wunderbar manche Verbindungen sein können.

**Viel Spaß beim Ausprobieren**
***Ihr Kolja***

# Suppen

Schwierigkeitsgrad: mittel

Zubereitungszeit: 1 Stunde 20 Minuten

Zutaten für 4 Portionen

# Hummersuppe

- 400 g Hummerschwanz, gekocht
- 1 Selleriestange
- 1 Zwiebel, halbiert
- 1 Möhre, geschält, in Stücken
- 90 g Butter, in Stücken
- 40 g Weinbrand
- 180 g Weißwein
- 6 Petersilienstängel
- 2 Lorbeerblätter
- 1 Thymianzweig
- 15 g Tomatenmark
- 1000 g Fischfond
- 2 Tomaten, geviertelt
- 2 EL Speisestärke
- 125 g Sahne
- Salz, nach Belieben
- Pfeffer, nach Belieben

**1.** Lösen Sie das Fleisch aus dem Hummerschwanz und schneiden Sie es in kleine Stücke. Geben Sie die Hummerfleischstücke in eine Schale, bedecken Sie diese mit Frischhaltefolie und stellen Sie sie kalt. Zerkleinern Sie den Panzer mithilfe eines Nudelholzes in kleine Teile.

**2.** Schneiden Sie die Selleriestange in Scheiben und legen Sie diese beiseite.

**3.** Zerkleinern Sie im Mixtopf Zwiebel und Möhre 5 Sekunden/ Stufe 5 und schieben Sie die Stücke mit dem Spatel nach unten. Geben Sie die Selleriestücke und die Butter hinzu und dünsten Sie die Mischung 20 Minuten/ 100°C/ Stufe 1.

**4.** Erhitzen Sie anschließend den Weinbrand in einem Topf, zünden Sie ihn an und wenn die Flamme erlischt, gießen Sie ihn in den Mixtopf dazu. Ergänzen Sie die Mischung mit Weißwein und Schalenstücken und kochen Sie alles etwa 15 Minuten/ Varoma/ Stufe 1 ohne Messbecher.

**5.** Als Nächstes fügen Sie Petersilie, Lorbeer, Thymian, Tomatenmark, Fischfond und Tomaten hinzu und kochen die Suppe weitere 30 Minuten/ 100°C/ Stufe 1.

**6.** Gießen Sie anschließend die Suppe durch ein feines Sieb und streichen Sie sie mit einem Löffel leicht durch, um die ganze Flüssigkeit auszudrücken. Die Gemüse-Schalen-Mischung können Sie danach entsorgen.

**7.** Reinigen Sie den Mixtopf grob und geben Sie die ausgesiebte Suppe hinein. Ergänzen Sie die Suppe mit Speisestärke und Sahne und kochen Sie sie unter Beobachtung 6 Minuten/ 100°C/ Stufe 1.

**8.** Geben Sie die Hummerfleischstücke hinzu, schmecken Sie die Suppe mit Salz und Pfeffer ab und kochen Sie die Suppe weitere 4 Minuten/ 90°C/ Linkslauf/ Stufe 1.

**TIPP**: Falls Sie nur rohen Hummer bekommen haben, garen Sie die Suppe unter Punkt 8 zuletzt 10 Minuten/ 90°C/ Linkslauf/ Stufe 1.
Geben Sie vor dem Anrichten noch ca. 80 g Rosé Champagner oder Sekt hinzu und schäumen Sie die Suppe zuletzt 10 Sekunden/ Stufe 8 auf.

Schwierigkeitsgrad: leicht
Zubereitungszeit: 45 Minuten
Zutaten für 4 Portionen

# Orientalische Linsensuppe

- 100 g rote Linsen
- 3 Schalotten, halbiert
- 1 Knoblauchzehe
- 60 g Olivenöl
- 1 TL Kreuzkümmel, ganz
- 100 g Weißwein
- 400 g geschälte Tomaten aus der Dose, alternativ Polpa di Pomodoro
- 200 g Geflügelfond
- 1 Chilischote, entkernt, gehackt oder in Ringen
- Salz, nach Belieben
- Pfeffer, nach Belieben
- Saft von ½ Zitrone
- 100 g Türkischer Joghurt, 10 % Fettgehalt

1. Waschen Sie zuerst die Linsen unter fließendem Wasser ab und lassen Sie sie gut abtropfen.

2. Zerkleinern Sie Schalotten und Knoblauch im Mixtopf 5 Sekunden/ Stufe 5 und schieben Sie die Stücke mit dem Spatel nach unten. Geben Sie 10 g Öl hinzu und dünsten Sie die Schalotten-Knoblauch-Stücke 2 Minuten/ Varoma/ Stufe 1.

3. Geben Sie den Kreuzkümmel, die Linsen und den Weißwein hinzu und lassen Sie die Mischung 10 Minuten/ 100°C/ Sanftrührstufe einkochen.

4. Nun fügen Sie Tomaten, Geflügelfond, Chili, Salz und Pfeffer hinzu und kochen die Suppe weitere 30 Minuten/ 100°C/ Sanftrührstufe. Schmecken Sie die Suppe mit etwas Zitronensaft ab, fügen Sie 50 g Öl hinzu und pürieren Sie die Suppe anschließend 20 Sekunden/ Stufe 10.

5. Verrühren Sie in einer Schale den Joghurt mit etwas Zitronensaft und Salz.

6. Servieren Sie die Suppe in Tellern mit einem Löffel Joghurt garniert.

Schwierigkeitsgrad: leicht
Zubereitungszeit: 46-51 Minuten
Zutaten für 4 Portionen

# Geröstete Grießsuppe

- 60 g Butter, weich, in Stücken
- 50 g Weichweizengrieß
- 100 g Weißwein
- 1000 g Kalbsbrühe
- Salz, nach Belieben
- Piment d`Espelette (baskisches Paprikapulver), nach Belieben
- Pfeffer, nach Belieben
- Muskat, nach Belieben
- 1 Kopf Radicchio
- 1 Zweig Rosmarin
- 12 Scheiben Pancetta (italienischer Bauchspeck), in dünnen Scheiben

1. Schmelzen Sie zuerst 20 g Butter im Mixtopf 2 Minuten/ Varoma/ Stufe 1. Geben Sie den Grieß hinzu und rösten Sie diesen 3 Minuten/ Varoma/ Stufe 1 an. Löschen Sie den Grieß mit dem Weißwein ab und lassen Sie den Wein 5 Minuten/ Varoma/ Stufe 1 einkochen. Gießen Sie dann die Brühe an. Schmecken Sie die Suppe mit Salz, Piment, Pfeffer und Muskat ab und lassen Sie sie 15-20 Minuten/ 80°C/ Stufe 1 köcheln.

2. Währenddessen waschen und putzen Sie den Radicchio, schleudern ihn trocken und lassen die Blätter dabei möglichst groß.

3. Zum Servieren schmecken Sie die Suppe nochmal ab und kochen sie 6 Minuten/ 100°C/ Stufe 1 auf. Wenn die Suppe zu dickflüssig ist, geben Sie noch etwas Kalbsfond hinzu.

4. Waschen und trocknen Sie den Rosmarin. Bräunen Sie die restlichen 40 g Butter in einer Pfanne, geben Sie den Rosmarin und den Radicchio hinzu und lassen diesen darin zusammenfallen. Fügen Sie auch die Pancetta-Scheiben hinzu und erwärmen Sie sie darin ohne sie zu braten. Vor dem Servieren entfernen Sie den Rosmarin und richten die Suppe in tiefen Tellern an. Geben Sie die Pancetta-Scheiben, den Radicchio sowie die braune Butter obenauf. Somit ist Ihre Suppe fertig zum Servieren.

**TIPP**: Diese Suppe brennt gerne an, deshalb sollten Sie die Suppe während des Kochens beobachten.

Schwierigkeitsgrad: leicht
Zubereitungszeit: 15 Minuten
Ruhezeit: mindestens 12 Stunden
Zutaten für 4 Portionen

# Tomaten-Pfirsich-Gazpacho

- 5 Tomaten, halbiert
- 1 rote Paprika, entkernt, in Stücken
- 3 reife Pfirsiche, entkernt
- ½ Salatgurke, geschält
- 1 Chilischote, halbiert, entkernt
- Meersalz, nach Belieben
- Zucker, nach Belieben
- Zitronensaft, nach Belieben
- Pfeffer, weiß, nach Belieben
- Wasser oder Pfirsichsaft, bei Bedarf
- 2 EL Rotweinessig
- 40 g Olivenöl

1. Säubern Sie gründlich die Tomaten und die Paprika und zerkleinern Sie sie im Mixtopf 5 Sekunden/ Stufe 5. Füllen Sie die Stücke in eine große Schüssel um.

2. Schälen Sie nun die Pfirsiche und die Gurke und zerkleinern Sie beides mit der Chilischote im Mixtopf ebenfalls 5 Sekunden/ Stufe 5.

3. Füllen Sie auch diese Stücke zu den Gemüsestücken in die Schale, würzen Sie die Mischung mit Meersalz, Zucker, Zitronensaft und weißem Pfeffer und lassen Sie sie mit Frischhaltefolie abgedeckt über Nacht im Kühlschrank ziehen.

4. Am nächsten Tag pürieren Sie das Gemüse mit dem entstandenen Saft im Mixtopf 10 Sekunden/ Stufe 8. Wenn Ihnen die Gazpacho nicht flüssig genug ist, verdünnen Sie sie zusätzlich mit Pfirsichsaft oder eiskaltem Wasser. Schmecken Sie die Gazpacho mit Essig ab und geben Sie zur Bindung 2 Minuten/ Stufe 3 das Olivenöl langsam durch die Deckelöffnung dazu.

Schwierigkeitsgrad: leicht
Zubereitungszeit: 40 Minuten
Zutaten für 4 Portionen

# Steckrübensuppe

- 1 Steckrübe à ca. 1,2 kg
- 4 Schalotten, halbiert
- 20 g Butter
- Salz, nach Belieben
- Pfeffer, weiß, nach Belieben
- Muskat, nach Belieben
- 100 g Weißwein
- 1000 g Geflügelfond
- 200 g Sahne
- 40 g weißer Balsamicoessig
- Pflanzenöl, z.B. Sonnenblumenöl, zum Braten

1. Für die Suppe schälen Sie die Steckrübe und geben 200 g davon in eine Schale. Den Rest der Steckrübe geben Sie in Stücken zusammen mit den Schalotten in den Mixtopf und zerkleinern beide Zutaten 10 Sekunden/ Stufe 8. Schieben Sie die Stücke mit dem Spatel nach unten.

2. Schwitzen Sie die Stücke mit der Butter 5 Minuten/ Varoma/ Stufe 1 an.

3. Würzen Sie die Mischung mit Salz, Pfeffer und Muskat und löschen Sie sie mit Weißwein ab. Lassen Sie den Wein nun ohne Messbecher 10 Minuten/ 100°C/ Stufe 1 einkochen und füllen Sie die Suppe mit Geflügelfond auf.

4. Kochen Sie die Suppe weitere 20 Minuten/ 100°C/ Stufe 1. Gießen Sie die Suppe durch ein Sieb und fangen Sie die Flüssigkeit auf. Pürieren Sie nun das gekochte Gemüse im Mixtopf 10 Sekunden/ Stufe 10. Geben Sie dann ohne Zeiteinstellung auf Stufe 3 die Suppenflüssigkeit nach und nach durch die Deckelöffnung dazu, bis die gewünschte Konsistenz erreicht ist. Geben Sie die Sahne dazu und schmecken Sie die Suppe mit dem Balsamicoessig ab. Rühren Sie die Zutaten 5 Sekunden/ Stufe 5 ein.

5. Schneiden Sie die 200 g Steckrübe in feine Streifen und frittieren Sie diese in einer heißen Pfanne mit Pflanzenöl. Lassen Sie die Streifen anschließend auf Küchenpapier gut abtropfen und salzen Sie sie.

6. Servieren Sie die Suppe in tiefen Tellern mit den Steckrübenstreifen.

**TIPP**: Bei Suppen oder Saucen sollte man die Sahne immer erst zum Schluss dazugeben, andernfalls karamellisiert die Sahne am Topfrand und erzeugt einen unangenehm süsslichen Nebengeschmack. Durch das spätere Zugeben der Sahne ergibt sich zudem noch eine schönere, hellere Farbe.

Schwierigkeitsgrad: leicht
Zubereitungszeit: 45 Minuten
Backzeit: 10-15 Minuten, 170°C Ober-/Unterhitze
Utensilien: Auflaufform
Rezept für 4 Portionen

# Entenborschtsch

- 4 mittelgroße Rote Beten, vorgekocht, geviertelt
- ¼ Spitzkohl, in Stücken
- 2 Möhren, geschält, in Stücken
- 2 festkochende Kartoffeln, geschält, in groben Stücken
- 1 Zwiebel, halbiert
- 1 Apfel, geschält, entkernt, in groben Stücken
- 15 g Entenfett
- 15 g brauner Zucker
- 750 g kräftige Entenbrühe
- 150 g Rote Bete-Saft
- 500 g Confit de Canard, confierte Entenkeulen aus der Dose
- 15 g brauner Zucker
- 50 g gedörrte Sauerkirschen
- 2 EL Rotweinessig
- Dill, nach Belieben, gehackt
- 1 Bund Estragon, fein geschnitten
- 4 EL Schmand
- Zitronensaft, nach Belieben
- Salz, nach Belieben
- Pfeffer, nach Belieben

1. Zerkleinern Sie als Erstes die Rote Bete im Mixtopf 4 Sekunden/ Stufe 5 und füllen Sie sie in eine Schale um.

2. Entfernen Sie die Blattrippen vom Spitzkohl und zupfen Sie ihn in grobe Stücke.

3. Heizen Sie den Backofen auf 170°C Ober-/Unterhitze vor.

4. Zerkleinern Sie dann die Möhren, die Kartoffeln, die Zwiebel und den Apfel im Mixtopf 5 Sekunden/ Stufe 5. Lockern Sie die Mischung mit dem Spatel etwas auf. Zerkleinern Sie die Mischung erneut 3 Sekunden/ Stufe 5.

5. Schwitzen Sie die Möhren-Kartoffel-Apfel-Zwiebel-Stücke mit dem Entenfett und dem braunen Zucker 5 Minuten/ 100°C/ Linkslauf/ Stufe 1 an. Lassen Sie die Stücke leicht karamellisieren und fügen Sie den gezupften Kohl hinzu. Gießen Sie die Stücke mit Brühe und Rote Bete-Saft auf und lassen Sie alle Zutaten 15 Minuten/ Varoma/ Linkslauf/ Stufe 1 kochen.

6. Geben Sie das Confit in eine Auflaufform und backen Sie es im vorgeheizten Backofen 10-15 Minuten/ 170°C Ober-/Unterhitze knusprig aus.

7. Nach der Kochzeit geben Sie die Rote-Bete-Stücke und die Sauerkirschen in den Mixtopf und schmecken die Suppe mit Rotweinessig, Salz und Pfeffer ab.

8. Zupfen Sie das Entenfleisch in eine Schüssel.

9. Hacken Sie den Dill und schneiden Sie den Estragon ganz fein. Verrühren Sie beides in einer Schale mit dem Schmand und würzen Sie die Mischung mit Salz, weißem Pfeffer und etwas Zitronensaft.

Schwierigkeitsgrad: leicht
Zubereitungszeit: 50-55 Minuten
Zutaten für 4 Portionen

# Vichyssoise

- 300 g Lauch (nur der helle Teil), in Stücken
- ½ Zwiebel
- 30 g Butter
- 50 g Noilly Prat
- 1 ½ mehlige Kartoffeln, geschält
- 250 g Geflügelfond
- Salz, nach Belieben
- Pfeffer, nach Belieben
- Muskat, nach Belieben

1. Zerkleinern Sie als Erstes den Lauch im Mixtopf 8 Sekunden/ Stufe 5 und füllen Sie diesen in eine Schale um.

2. Nun zerkleinern Sie die Zwiebel im Mixtopf 5 Sekunden/ Stufe 5 und schieben die Stücke mit dem Spatel nach unten. Geben Sie die Butter hinzu und schwitzen Sie die Zwiebelstücke 5 Minuten/ Varoma/ Stufe 1 an. Löschen Sie die Stücke mit Noilly Prat ab und reduzieren Sie die Flüssigkeit ohne Messbecher 10 Minuten/ 100°C/ Stufe 1.

3. Schälen Sie währenddessen die Kartoffeln und schneiden Sie sie in sehr dünne Scheiben.

4. Geben Sie als Nächstes die Kartoffelscheiben und den Geflügelfond dazu und kochen Sie die Suppe 20-25 Minuten/ Varoma/ Stufe 1 bis die Kartoffeln verkocht sind. Geben Sie danach auch den Lauch dazu und kochen Sie die Suppe weitere 10 Minuten/ 100°C/ Stufe 1.

5. Würzen Sie die Suppe mit Salz, Pfeffer und Muskat und pürieren Sie sie 20 Sekunden/ Stufe 10. Passieren Sie die Suppe noch durch ein feines Sieb und servieren Sie sie anschließend.

Schwierigkeitsgrad: leicht

Zubereitungszeit: 25 Minuten

Zutaten für 4 Portionen

# Kopfsalat-Velouté

- 1 Kopfsalat
- 100 g Butter, weich, in Stücken
- 500 g Geflügelfond
- Muskat, nach Belieben
- Salz, nach Belieben
- Pfeffer, nach Belieben

**1.** Als Erstes waschen Sie den Kopfsalat gründlich und befreien ihn von dem Strunk. Zupfen Sie den Salat in grobe Stücke.

**2.** Schmelzen Sie die Butter im Mixtopf 2 Minuten/ 100°C/ Stufe 1 und geben Sie den gewaschenen Salat dazu. Schwitzen Sie diesen 2 Minuten/ Varoma/ Stufe 1 an und löschen Sie ihn mit dem Fond ab. Lassen Sie den Fond ohne Messbecher 10,5 Minuten/ 90°C/ Stufe 1 reduzieren und anschließend mit Messbecher weitere 3 Minuten/ 90°C/ Stufe 1 kochen. Pürieren Sie die Suppe anschließend 50 Sekunden/ Stufe 6. Passieren Sie die Suppe danach durch ein feines Sieb und würzen Sie sie mit Muskat, Salz und Pfeffer. Verrühren Sie die Suppe 10 Sekunden/ Stufe 4 und richten Sie sie in tiefen Tellern an.

**TIPP**: Zu der Suppe passen sehr gut ein paar dünne Scheiben Rehschinken, Croûtons und ein paar Tropfen Leinöl.

# Risotti

Schwierigkeitsgrad: leicht
Zubereitungszeit: 35 Minuten
Zutaten für 4 Portionen

# Radicchio-Rotwein-Risotto

- 25 g Pinienkerne
- 80 g Parmesan, in Stücken
- 1 große Zwiebel, halbiert
- 20 g Butter
- 20 g Olivenöl
- 200 g Risotto-Reis
- 100 g Rotwein
- 640 g Geflügelfond, heiß
- 250 g Radicchio, gewaschen, in Stücken

**1.** Rösten Sie zuerst die Pinienkerne in einer beschichteten Pfanne auf mittlerer Hitze goldbraun ohne Fett an und stellen Sie diese bis zu ihrer Weiterverarbeitung beiseite.

**2.** Zerkleinern Sie dann den Parmesan im Mixtopf 10 Sekunden/ Stufe 10 und füllen ihn in ein Schälchen um.

**3.** Zerkleinern Sie nun die Zwiebel im Mixtopf 5 Sekunden/ Stufe 5 und schieben Sie die Stücke mit dem Spatel nach unten. Fügen Sie die Butter und das Öl hinzu und dünsten Sie die Zwiebel darin 5 Minuten/ Varoma/ Stufe 1.

**4.** Fügen Sie als Nächstes den Reis hinzu und schwitzen Sie diesen 3 Minuten/100°C/ Linkslauf/ Stufe 1 an.

**5.** Löschen Sie den Reis mit Rotwein ab und kochen Sie ihn 14 Minuten/ 100°C/ Linkslauf/ Stufe 1. Gießen Sie nach 5 Minuten Kochzeit den Geflügelfond nach und nach durch die Deckelöffnung ein und setzen Sie das Garkörbchen als Spritzschutz auf den Deckel.

**6.** Schmecken Sie das Risotto mit Salz und Pfeffer ab und lassen Sie es 10 Minuten mit geschlossenem Deckel ziehen. Heben Sie mit dem Spatel den Radicchio unter das heiße Risotto und richten Sie es mit den Pinienkernen und etwas Parmesan und Olivenöl beträufelt an.

Schwierigkeitsgrad: mittel

Zubereitungszeit: 60 Minuten

Zutaten für 5 Portionen

# Arancino nero

**Für das Risotto:**

- 50 g Parmesan
- 2 Schalotten, halbiert
- 70 g Butter, in Stücken
- 100 g Risotto-Reis
- 50 g Weißwein
- 300 g Geflügelfond
- Salz, nach Belieben
- Zitronensaft, nach Belieben
- 2 Tüten Sepia-Tinte, erhältlich z.B. im Internet

**Für das Artischockenpüree:**

- 1 Schalotte
- 2 Artischockenböden, aus dem Glas
- 2 Zweige Rosmarin
- 20 g Olivenöl
- 250 g Geflügelfond
- Salz, nach Belieben
- weißer Pfeffer, nach Belieben
- Piment d'Esplette (baskisches Paprikapulver), nach Belieben

**Für die Füllung:**

- 200 g Pulpo-Fleisch, gekocht
- 2 Artischockenböden
- 1 Bund Rucola, gewaschen
- Salz, nach Belieben
- Pfeffer, nach Belieben
- Zitronensaft, nach Belieben

**Für die Panade:**

- Mehl zum Panieren
- 1 Ei, Größe M
- Semmelbrösel zum Panieren
- Pflanzenöl zum Ausbacken

1. Als Erstes zerkleinern Sie den Parmesan im Mixtopf 10 Sekunden/ Stufe 10 und füllen ihn in eine Schale um.

2. Nun zerkleinern Sie die Schalotten im Mixtopf 5 Sekunden/ Stufe 5 und schieben die Stücke mit dem Spatel nach unten. Fügen Sie 20 g Butter hinzu und dünsten Sie die Schalottenstücke 2 Minuten/ Varoma/ Stufe 1.

3. Geben Sie den Reis dazu und schwitzen Sie ihn 3 Minuten/ 100°C/ Linkslauf/ Stufe 1 an. Danach löschen Sie den Reis mit Weißwein ab und kochen ihn ohne Messbecher 15 Minuten/ 100°C/ Linkslauf/ Stufe 1. Geben Sie nach 1 Minute Kochzeit den Geflügelfond nach und nach durch die Deckelöffnung dazu und setzen Sie das Garkörbchen als Spritzschutz auf den Deckel.

4. Fügen Sie 50 g Butter und den zerkleinerten Parmesan hinzu, würzen Sie die Reismischung mit Salz und Zitronensaft und rühren Sie die Sepia-Tinte 15 Sekunden/ Linkslauf/ Stufe 1 ein. Anschließend füllen Sie die Reismischung in eine Schale und lassen diese erkalten.

5. Währenddessen zerkleinern Sie für das Artischockenpüree die Schalotten und die Artischockenböden im gereinigtem Mixtopf 5 Sekunden/ Stufe 5 und schieben die Stücke mit dem Spatel nach unten. Geben Sie Rosmarin und Olivenöl hinzu und schwitzen Sie die Mischung 2 Minuten/ Varoma/ Stufe 1 an. Gießen Sie danach den Geflügelfond ein und lassen Sie die Mischung 10 Minuten/ 100°C/ Stufe 1 köcheln.

6. Nach der Kochzeit gießen Sie die Mischung in ein Sieb und fangen dabei die Flüssigkeit in einer Schale auf. Entfernen Sie den Rosmarin und geben Sie die Schalotten-Artischocken-Stücke wieder in den Mixtopf. Pürieren Sie diese nun 10 Sekunden/ Stufe 10 und rühren Sie ohne Zeiteinstellung auf Stufe 2 etwas von der Garflüssigkeit ein, bis das Püree die gewünschte Konsistenz erreicht hat. Würzen Sie das Püree zu guter Letzt mit Salz, weißem Pfeffer und Piment d'Espelette. Füllen Sie das Püree in eine Schale um und halten Sie es warm. Reinigen Sie den Mixtopf gründlich.

8. Zerkleinern Sie das Pulpo-Fleisch und die Artischockenböden im Mixtopf 8 Sekunden/ Stufe 8 und füllen Sie die Mischung in eine Schale um. Schneiden Sie den Rucola fein und vermengen Sie ihn mit der Pulpo-Mischung in der Schale. Schmecken Sie die Mischung mit Salz, schwarzem Pfeffer und Zitronensaft ab.

9. Formen Sie aus der schwarzen Reismischung tischtennisballgroße Kugeln und füllen Sie diese mit der Pulpo-Mischung. Wälzen Sie die Arancini nacheinander erst in Mehl, dann in dem verquirlten Ei und zuletzt in Semmelbröseln. Backen Sie die panierten Reiskugeln in einer Pfanne oder Friteuse mit reichlich Pflanzenöl goldgelb aus. Das Öl sollte 180°C heiß sein. Halten Sie die ausgebackenen Kugeln im Ofen bei 80°C Ober-/Unterhitze warm.

10. Geben Sie jeweils einen großen Löffel Artischockenpüree auf die Teller und platzieren Sie in die Mitte des Pürees zwei aufgebrochene Arancini. Beträufeln Sie das Püree mit etwas Olivenöl und bestreuen Sie es mit Piment d'Espelette.

ANDECHSER
NATUR

Schwierigkeitsgrad: mittel

Zubereitungszeit: 30 Minuten

Zutaten für 4 Portionen

# Safran-Risotto

- 120 g Parmesan, in Stücken
- 1 Zwiebel, halbiert
- 20 g Butter
- 400 g Risotto-Reis (z.B. Arborio oder Carnaroli)
- 100 g Weißwein
- einige Safranfäden
- 100 g Geflügelfond
- Salz, nach Belieben
- Pfeffer, nach Belieben

1. Zerkleinern Sie als Erstes den Parmesan im Mixtopf 10 Sekunden/ Stufe 10 und füllen Sie ihn in ein Schälchen.

2. Zerkleinern Sie als Nächstes die Zwiebel im Mixtopf 5 Sekunden/ Stufe 5 und schieben Sie die Stücke mit dem Spatel nach unten. Geben Sie dann die Butter hinzu und dünsten Sie die Zwiebel darin 5 Minuten/ Varoma/ Stufe 1.

3. Geben Sie den Reis hinzu und schwitzen Sie ihn 3 Minuten/ 100°C/ Linkslauf/ Stufe 1 an. Löschen Sie den Reis mit Weißwein ab, würzen Sie ihn mit Safran und kochen Sie ihn 14 Minuten/ 100°C/ Linkslauf/ Stufe 1. Gießen Sie nach 1 Minute Kochzeit den Geflügelfond nach und nach durch die Deckelöffnung ein und setzen Sie das Garkörbchen als Spritzschutz auf den Deckel.

4. Schmecken Sie nun das fast fertige Risotto mit Parmesan, Salz und Pfeffer ab und lassen Sie es bei geschlossenem Deckel 10 Minuten durchziehen.

**TIPPS:** Beim Anrichten können Sie noch ein bisschen Parmesan über das Risotto streuen und es mit Olivenöl beträufeln. Die Zitronen-Thymian-Gremolata (s. S. 78) passt hier sehr gut!

Schwierigkeitsgrad: mittel

Zubereitungszeit: 25 Minuten

Zutaten für 4 Portionen

# Artischocken-Risotto

- 60 g Parmesan, in Stücken
- 3 Schalotten, halbiert
- 150 g Butter, weich, in Stücken
- 300 g Risotto-Reis, (z.B. Acquerello)
- 100 g Weißwein
- Salz, nach Belieben
- 1000 g Geflügelfond
- 4 Artischocken, aus dem Glas
- 10 g Olivenöl
- 3 Zweige Thymian
- Saft von 1 Zitrone
- Pfeffer, nach Belieben
- 80 g Sahne, kalt

**1.** Zerkleinern Sie zuerst den Parmesan im Mixtopf 10 Sekunden/ Stufe 10 und füllen Sie ihn in eine separate Schale.

**2.** Nun zerkleinern Sie die Schalotten im Mixtopf 5 Sekunden/ Stufe 5 und schieben die Stücke mit dem Spatel nach unten. Geben Sie 75 g Butter hinzu und schwitzen Sie die Schalottenstücke 2 Minuten/ Varoma/ Stufe 1 an.

**3.** Geben Sie den Reis dazu, schwitzen Sie diesen 3 Minuten/ 100°C/ Linkslauf/ Stufe 1 an und löschen Sie ihn dann mit dem Weißwein ab. Würzen Sie den Reis mit Salz und kochen Sie ihn 14 Minuten/ 100°C/ Linkslauf/ Stufe 1. Gießen Sie nach 1 Minute Kochzeit den Geflügelfond nach und nach durch die Deckelöffnung ein. Setzen Sie das Garkörbchen als Spritzschutz auf den Deckel.

**5.** In der Zwischenzeit würfeln Sie die Artischockenböden, trocknen sie und braten sie in einer heißen Pfanne mit Olivenöl an. Geben Sie die Thymianzweige dazu und stellen Sie die Artischockenstücke bis zu ihrer Weiterverarbeitung beiseite.

**6.** Wenn der Reis gar ist, geben Sie die restlichen 75 g Butter und den Parmesan hinzu und rühren die Zutaten 10 Sekunden/ Linkslauf/ Stufe 3 ein. Schmecken Sie das Risotto mit Zitronensaft und Pfeffer ab.

**7.** Schlagen Sie die Sahne mit dem Schneebesen oder Handrührgerät leicht auf und heben Sie sie mit dem Spatel unter das Risotto. Rühren Sie auch die Artischockenstücke ohne die Thymianzweige mit dem Spatel in das Risotto ein und lassen Sie dieses 10 Minuten ziehen.

! **TIPP:** Dieses Risotto passt am besten zu einem kräftigen Fisch, etwa einem Loup de Mer. Selbstverständlich ergibt es aber auch ein köstliches vegetarisches Gericht.

Schwierigkeitsgrad: mittel
Zubereitungszeit: 50 Minuten
Zutaten für 4 Portionen

# Paprika-Risotto

- 5 rote Antipasti-Paprikaschoten, in Öl eingelegt
- 500 g Geflügelfond
- 2 Schalotten, halbiert
- 60 g Olivenöl
- 300 g Risotto-Reis (z.B. Arborio oder Carnaroli)
- 100 g Weißwein
- 20 g Butter, weich, in Würfeln
- 2 EL Parmesan, gerieben
- 12 Frühlingszwiebeln, ganz
- Salz, nach Belieben
- 1 Prise Zucker
- Pfeffer, nach Belieben
- 40 g Parmesan, gehobelt

1. Für das Risotto zerkleinern Sie als Erstes 4 Paprikaschoten mit 100 g von dem Geflügelfond im Mixtopf 10 Sekunden/ Stufe 8, gießen dann die restlichen 400 g Geflügelfond hinzu und erwärmen die Mischung 8 Minuten/ Varoma/ Stufe 1. Sie brauchen ca. 600 g Paprikafond, gießen Sie also gegebenenfalls den Fond mit Wasser auf. Füllen Sie den heißen Fond anschließend vorsichtig in eine separate Schale.

2. Die übrige Paprikaschote schneiden Sie in feine Würfel und stellen diese beiseite.

3. Als Nächstes zerkleinern Sie die Schalotten im Mixtopf 5 Sekunden/ Stufe 5, schieben die Stücke mit dem Spatel nach unten und dünsten sie mit 40 g Olivenöl 2 Minuten/ Varoma/ Stufe 1 an. Geben Sie den Reis und die Paprikawürfel hinzu und schwitzen Sie alles 5 Minuten/ 100°C/ Linkslauf/ Stufe 1 an. Löschen Sie den Reis mit dem Weißwein ab und lassen Sie diesen 5 Minuten/ 100°C/ Linkslauf/ Stufe 1 ohne Messbecher einkochen. Lassen Sie den Reis 20-25 Minuten/ 100°C/ Linkslauf/ Stufe 1 weiterkochen und geben Sie dabei den Fond nach und nach durch die Deckelöffnung dazu.

4. In der Zwischenzeit braten Sie die Frühlingszwiebeln in einer heißen Pfanne mit 20 g Olivenöl an und würzen sie nach 5 Minuten mit Salz, Zucker und Pfeffer.

5. Anschließend rühren Sie die Butterwürfel und den geriebenen Parmesan in das Risotto ein und schmecken auch dieses mit Salz und Pfeffer ab. Lassen Sie das Risotto bei geschlossenem Deckel 10 Minuten ruhen.

6. Zum Anrichten servieren Sie das Risotto in tiefen, vorgewärmten Tellern und dekorieren das Risotto jeweils mit den gebratenen Frühlingszwiebeln und dem gehobelten Parmesan. Geben Sie als Krönung etwas frisch gemahlenen schwarzen Pfeffer darüber.

**TIPP:** Um den Parmesan zu hobeln, können Sie einen Trüffelhobel mit glatter Schneide verwenden. Den können Sie auch wunderbar zum Hobeln von Radieschen, Gurken oder natürlich Trüffeln benutzen.

# Hauptgerichte

Schwierigkeitsgrad: leicht
Zubereitungszeit: 40 Minuten
Zutaten für 2 Portionen

# Vongole mit Chili in Weißweinsauce

- 1000 g frische Venusmuscheln
- Salzwasser
- 1 Möhre, geschält
- 2 Stangen Staudensellerie
- 1 Zwiebel, halbiert
- 1 Knoblauchzehe
- 1 Chilischote, halbiert, entkernt
- 30 g Olivenöl
- 300 g Weißwein
- Pfeffer, nach Belieben
- 1 Steinofen-Ciabatta

1. Sortieren Sie zunächst bereits geöffnete Venusmuscheln aus. Wässern Sie dann die geschlossenen Muscheln für 10 Minuten in einer Schüssel mit Salzwasser. Die nun geöffneten Muscheln spülen Sie unter fließendem Wasser aus und entfernen so Sand und andere Trübstoffe. Noch geschlossene Venusmuscheln verwerfen Sie.

2. Schneiden Sie die Möhre und den Staudensellerie in mundgerechte Stücke und legen Sie die Stücke bis zu ihrer Weiterverarbeitung beiseite.

3. Zerkleinern Sie nun Zwiebel, Knoblauch und Chili im Mixtopf 5 Sekunden/ Stufe 5 und schieben Sie die Stücke mit dem Spatel nach unten. Geben Sie die Möhren- und Staudenselleriestücke sowie das Olivenöl dazu und schwitzen Sie alles 10 Minuten/ Varoma/ Stufe 1 an.

4. Setzen Sie den Schmetterling in den Mixtopf ein und geben Sie die geputzten Muscheln und den Wein dazu. Garen Sie die Muscheln darin 10 Minuten/ Varoma/ Sanftrührstufe.

5. Jetzt geben Sie die Muscheln in tiefe Schüsseln und lassen den Fond noch 10 Minuten/ 100°C/ Stufe 1 ohne Messbecher einkochen. Schmecken Sie den Fond mit Salz und Pfeffer ab und gießen Sie ihn heiß über die Muscheln. Reichen Sie das Gericht mit einigen Scheiben Steinofen-Ciabatta.

**TIPPS:** Wenn Sie das Gericht für vier Personen zubereiten wollen, brauchen Sie 2000 g Venusmuscheln. In diesem Fall entfallen Punkt 4 und 5 und Sie geben die geputzten Muscheln in einen separaten Topf, gießen dann die Mischung aus dem Mixtopf darüber und schwenken die Muscheln darin auf höchster Stufe 5 Minuten. Löschen Sie die Mischung dann mit Weißwein ab, setzen Sie einen Deckel auf und lassen Sie die Muscheln 5 Minuten kochen.
Wenn Sie frischen Koriander mögen, schneiden Sie diesen klein und schwenken Sie ihn mit den Muscheln mit. Wenn Sie die Muscheln im Mixtopf zubereiten, streuen Sie ihn vor dem Servieren über die Muscheln.

Schwierigkeitsgrad: leicht
Zubereitungszeit: 25 Minuten
Backzeit: 8-13 Minuten, 60°C Ober-/Unterhitze
Zutaten für 4 Portionen

# Kabeljau in Kartoffel-Steinpilz-Fond

- 1 Zwiebel, halbiert
- 2 Knoblauchzehen
- 10 g Pflanzenöl, z.B. Sonnenblumenöl
- 1000 g Geflügelfond
- 150 g getrocknete Steinpilze
- 3 mehligkochende Kartoffeln, geschält, in Scheiben
- 400 g Kabeljau (Loin)
- Salz, nach Belieben
- 20 g Olivenöl
- Thymian, nach Belieben
- Pfeffer, nach Belieben

**1.** Als Erstes zerkleinern Sie die Zwiebel und 1 Knoblauchzehe im Mixtopf 5 Sekunden/ Stufe 5 und schieben die Stücke mit dem Spatel nach unten. Geben Sie das Öl hinzu und dünsten Sie die Zwiebel-Knoblauch-Stücke darin 2 Minuten/ Varoma/ Stufe 1 an.

**2.** Löschen Sie die Zwiebel-Knoblauch-Stücke mit Geflügelfond ab und fügen Sie Steinpilze und Kartoffelscheiben hinzu. Kochen Sie die Suppe nun 25 Minuten/ Varoma/ Stufe 1.

**3.** Währenddessen heizen Sie den Backofen auf 60°C Ober-/Unterhitze vor und waschen den Kabeljau. Befreien Sie den Kabeljau von der Haut, reiben Sie ihn mit reichlich Salz ein und lassen Sie ihn 10 Minuten beizen.

**4.** Waschen Sie danach den Kabeljau gründlich ab und portionieren Sie ihn in 90-100 g Stücke. Legen Sie die Kabeljaustücke in einen Bräter. Beträufeln Sie den Fisch mit Olivenöl, würzen Sie ihn mit einer zerdrückten Knoblauchzehe, Thymian und Pfeffer und garen Sie ihn im Backofen 8-13 Minuten/ 60°C Ober-/Unterhitze.

**5.** Pürieren Sie nach der Kochzeit die Suppe 10 Sekunden/ Stufe 10 und sieben Sie sie durch ein feines Sieb.

**6.** Servieren Sie die Suppe in tiefen Tellern und setzen Sie in die Mitte jeweils ein Stück Kabeljau.

**TIPPS:** Beträufeln Sie zur Krönung den Kabeljau mit etwas Zitronen-Thymian-Gremolata (s. S. 78) Wenn Sie es doch ein wenig fleischiger haben wollen, passt Pistou (s. S. 80) sehr gut dazu. Dafür geben Sie einfach einen gehäuften EL auf den Fisch.

Schwierigkeitsgrad: mittel
Zubereitungszeit: 25 Minuten
Ruhezeit: mindestens 45 Minuten
Zutaten für 4 Portionen

# Lachs mi-cuit auf Rahmspinat

- 400 g Lachs (Loin)
- 1600 g Wasser
- 160 g Salz
- 80 g Zucker
- Olivenöl, nach Belieben
- ½ Zwiebel
- 30 g Butter
- 500 g frischer Babyspinat, gewaschen
- Muskat, nach Belieben
- Salz, nach Belieben
- Pfeffer, nach Belieben
- 50 g Sahne
- Koriandersaat, geröstet, nach Belieben

**1.** Waschen Sie den Lachs, befreien Sie ihn von Haut und Gräten und legen Sie ihn in eine Auflaufform.

**2.** Verrühren Sie nun für die Beize Wasser, Salz und Zucker im Mixtopf 4 Minuten/ Stufe 2 bis sich der Zucker aufgelöst hat. Verlängern Sie die Einstellung gegebenenfalls um einige Minuten.

**3.** Gießen Sie die Beize gleichmäßig über den Lachs, decken Sie die Form mit Frischhaltefolie ab und lassen Sie den Lachs mindestens 45 Minuten im Kühlschrank ziehen. Nach der Ruhezeit tupfen Sie den Fisch trocken und bepinseln beide Seiten mit ein wenig Olivenöl.

**4.** Für den Spinat zerkleinern Sie die Zwiebel im Mixtopf 5 Sekunden/ Stufe 5 und schieben die Stücke mit dem Spatel nach unten. Geben Sie die Butter hinzu und dünsten Sie die Zwiebelstücke 2 Minuten/ Varoma/ Stufe 1.

**5.** Fügen Sie den Spinat hinzu und dünsten Sie beides weitere 5 Minuten/ 100°C/ Stufe 1. Würzen Sie den Spinat mit Muskat, Salz und Pfeffer und löschen Sie ihn mit der Sahne ab. Den Lachs legen Sie in den Varoma und setzen diesen auf den Mixtopf. Garen Sie nun alle Zutaten 12 Minuten/ Varoma/ Stufe 2.

**6.** Portionieren Sie den Lachs und würzen Sie ihn mit ein wenig gerösteter Koriandersaat, Salz und Pfeffer.

**7.** Zum Servieren verteilen Sie den Spinat auf die Teller und setzen jeweils ein Lachsstück auf den Spinat.

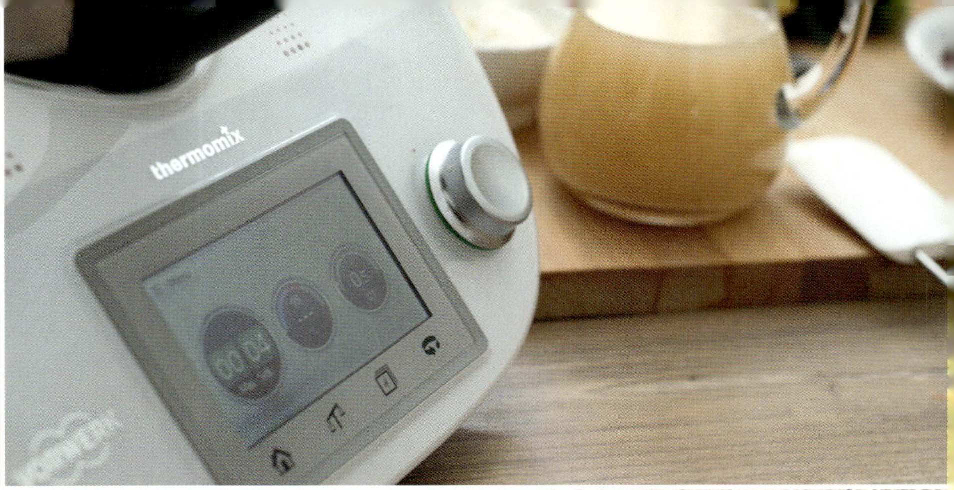


# Beilagen

Schwierigkeitsgrad: mittel
Zubereitungszeit: 40 Minuten
Zutaten für 2 Portionen

# Linsengemüse

- 1 Möhre, geschält, in Stücken
- 100 g Knollensellerie, geschält, in Stücken
- 1 Stange Lauch (nur der helle Teil)
- 1 Zwiebel, halbiert
- 1 Knoblauchzehe
- 20 g Olivenöl
- 60 g Speck, in Würfeln
- 100 g Berglinsen aus Le Puy
- 15 g Tomatenmark
- 90 g Rotwein
- 300 g Geflügelfond
- 1 Lorbeerblatt
- Baskisches Paprikapulver, nach Belieben
- 100 g Staudensellerie
- 3 Stängel Petersilie
- 3 EL Balsamico
- Salz, nach Belieben
- Pfeffer, nach Belieben

1. Zerkleinern Sie als Erstes Möhre, Knollensellerie und Lauch im Mixtopf 5 Sekunden/ Stufe 5. Lockern Sie das Gemüse mit dem Spatel etwas auf und zerkleinern Sie es erneut 5 Sekunden/ Stufe 5. Füllen Sie die Gemüsestücke in eine Schale um.

2. Nun zerkleinern Sie Zwiebel und Knoblauch im Mixtopf 5 Sekunden/ Stufe 5, schieben die Stücke mit dem Spatel nach unten und gießen das Öl ein. Schwitzen Sie die Zwiebel-Knoblauch-Stücke und die Speckwürfel 2 Minuten/ Varoma/ Stufe 1 an.

3. Waschen Sie währenddessen die Linsen unter kaltem Wasser und stellen Sie sie beiseite.

4. Als Nächstes geben Sie die Gemüsestücke in den Mixtopf und schwitzen sie mit den Zwiebel-Knoblauch-Stücken 5 Minuten/ Varoma/ Stufe 1 an.

5. Geben Sie die Linsen, das Tomatenmark, den Rotwein, den Geflügelfond, das Lorbeerblatt und das Piment hinzu und kochen Sie die Mischung 25-30 Minuten/ 100°C/ Linkslauf/ Stufe 1, bis die Linsen gar sind.

6. Schneiden Sie den Staudensellerie und die Petersilie klein und stellen Sie beides beiseite.

7. Würzen Sie das Linsengemüse nach dem Kochen mit Balsamico, Salz und Pfeffer. Heben Sie mit dem Spatel den Staudensellerie und die Petersilie unter und servieren Sie das Gericht.

Schwierigkeitsgrad: leicht

Zubereitungszeit: 10 Minuten

Kühlzeit: 2 Stunden

Zutaten für 4 Portionen

# Selbst gemachtes Krupuk

- 100 g Büsumer Krabbenfleisch
- 40 g Eiweiß
- 150 g Stärke
- 5 g Backpulver
- 100 g Eiswasser
- Salz, nach Belieben
- Pfeffer, nach Belieben
- Pflanzenöl, z.B. Sonnenblumenöl, zum Frittieren

**1.** Spülen Sie das Krabbenfleisch, tupfen Sie es trocken und zerkleinern Sie es im Mixtopf 10 Sekunden/ Stufe 6. Füllen Sie es zum Abtropfen in ein feines Sieb.

**2.** Reinigen und trocknen Sie den Mixtopf gründlich.

**3.** Setzen Sie den Schmetterling in den Mixtopf ein und schlagen Sie darin das Eiweiß mit einer Prise Salz 4 Minuten/ Stufe 4 auf. Füllen Sie den Eischnee in eine Schale um.

**4.** Reinigen und trocknen Sie den Mixtopf.

**5.** Verrühren Sie die Stärke mit dem Backpulver im Mixtopf 5 Sekunden/ Stufe 4. Danach rühren Sie die Mischung 2 Minuten/ Stufe 3 weiter und geben dabei das Eiswasser durch die Deckelöffnung dazu.

**6.** Nun heben Sie mit dem Spatel den Eischnee unter die Masse.

**7.** Geben Sie das Krabbenfleisch hinzu und zerkleinern Sie es 20 Sekunden/ Stufe 7. Schmecken Sie die Masse mit Salz und Pfeffer ab und streichen Sie diese dünn auf ein mit Backpapier belegtes Brett aus.

**8.** Legen Sie die Krabbenfleischplatte für 2 Stunden ins Gefrierfach. Danach brechen Sie die Platte in Stücke und backen diese in reichlich 170°C heißem Öl knusprig aus. Die ausgebackenen Stücke legen Sie zum Abtropfen auf Küchenpapier und salzen sie.

**TIPP:** Das Krabbenfleisch sollte gut abtropfen, da die Masse sonst zu flüssig wird und sich nicht gut frittieren lässt.

# Saucen

Schwierigkeitsgrad: leicht

Zubereitungszeit: 30 Minuten

Rezept für 4 Portionen

# Soubise

- 250 g weiße Zwiebeln, halbiert
- 1 Knoblauchzehe
- 40 g Butter
- 25 g Risotto-Reis
- Salz, nach Belieben
- Pfeffer, nach Belieben
- ca. 150 g Milch
- 1 Lorbeerblatt

**1.** Zerkleinern Sie die Zwiebeln und den Knoblauch im Mixtopf 5 Sekunden/ Stufe 5 und schieben Sie die Stücke mit dem Spatel nach unten.

**2.** Fügen Sie die Butter hinzu und dünsten Sie Zwiebel- und Knoblauchstücke 2 Minuten/ Varoma/ Stufe 1.

**3.** Geben Sie danach den Reis dazu und schwitzen Sie diesen 3 Minuten/ 100°C/ Linkslauf/ Stufe 1 an.

**4.** Salzen und pfeffern Sie den Reis, geben Sie die Milch und das Lorbeerblatt dazu und kochen Sie die Mischung ca. 20 Minuten/ 100°C/ Linkslauf/ Stufe 1 weich. Entfernen Sie danach das Lorbeerblatt und zerkleinern Sie die Masse 10 Sekunden/ Stufe 8.

**5.** Streichen Sie die Masse zu guter Letzt durch ein feines Sieb.

**TIPP:** Eine Soubise passt hervorragend zu jedem Fisch. Im Sommer kann man dieses Rezept mit geräucherter Zwiebel variieren und es zu Grillfleisch reichen.

Schwierigkeitsgrad: mittel

Zubereitungszeit: 5 Minuten

Rezept für 4 Portionen

# Milchmayonnaise Basic

- 50 g Vollmilch, zimmerwarm
- 200 g Pflanzenöl

1. Für die Mayonnaise setzen Sie den Schmetterling in den Mixtopf ein und schäumen darin die Milch 5 Minuten/ Stufe 8 auf. Lassen Sie danach ohne Zeiteinstellung auf Stufe 4 das Öl langsam in den Mixtopf fließen. Dafür können Sie den Messbecher auf dem Deckel lassen und das Öl einfach auf den Deckel gießen. Es fließt auf diese Weise langsam in den Mixtopf und verbindet sich mit der Milch.

**TIPP:** Wichtig dabei ist, dass alle Zutaten bei der Verarbeitung Zimmertemperatur haben.

Schwierigkeitsgrad: leicht
Zubereitungszeit: 5 Minuten
Zutaten für 6 Portionen

# Caesar Dressing

- 150 g Parmesan
- 1 kleine Knoblauchzehe
- 4 Sardellenfilets
- 2 EL Kapern
- 300 g Geflügelfond
- 160 g Mayonnaise (z.B. Milchmayonnaise s.S. 62)
- 20 g Crème Fraîche
- 20 g Balsamicoessig, hell
- Salz, nach Belieben
- Pfeffer, nach Belieben

1. Zerkleinern Sie als Erstes für die Sauce den Parmesan 10 Sekunden/ Stufe 10.

2. Geben Sie die Sardellenfilets, Knoblauch und die Kapern dazu und zerkleinern Sie alles erneut 5 Sekunden/ Stufe 5.

3. Zu guter Letzt fügen Sie Geflügelfond, Mayonnaise, Crème Fraîche, Balsamico, Salz und Pfeffer hinzu und verrühren alle Zutaten 1 Minute/ Stufe 2 zu einer homogenen Sauce.

**TIPP**: Wenn man möchte, kann man eine halbe Knoblauchzehe mit zerkleinern. Damit der Knoblauch im Essen nicht so stark riecht, koche ich ihn vorher in kaltem Wasser dreimal auf und gebe ihn dann erst zu meinen Mayonnaisen.

Schwierigkeitsgrad: leicht
Zubereitungszeit: 5 Minuten
Zutaten für 4 Portionen

# Salatsauce 1-1-1

- 100 g Quark, kein Magerquark
- 100 g Joghurt
- 100 g Crème Fraîche
- Salz, nach Belieben
- Pfeffer, nach Belieben
- Zucker, nach Belieben
- Saft von 1 Zitrone
- 60 g Pflanzenöl, z.B. Sonnenblumenöl
- 1 Bund Schnittlauch, in Röllchen

1. Verrühren Sie Quark, Joghurt, Crème Fraîche, Salz, Pfeffer, Zucker, Zitronensaft und Pflanzenöl im Mixtopf 10 Sekunden/ Stufe 3. Geben Sie den Schnittlauch hinzu und rühren Sie ihn 5 Sekunden/ Stufe 2 unter. Nun können Sie die Sauce mit dem Salat Ihrer Wahl verrühren und genießen.

Schwierigkeitsgrad: mittel

Zubereitungszeit: 30 Minuten

Zutaten für 4 Portionen

# Zitronen-Hollandaise

- 1 Schalotte, halbiert
- 2 Zweige Estragon
- 1 Lorbeerblatt
- 4 Pfefferkörner
- 150 g Weißwein
- 200 g Butter, in Stücken
- 3 Eigelb, Größe M
- Salz, nach Belieben
- Piment d'Esplette (baskisches Paprikapulver), nach Belieben
- Saft von 1 Zitrone

**1.** Für die Hollandaise zerkleinern Sie im Mixtopf die Schalotte 5 Sekunden/ Stufe 5 und schieben die Stücke mit dem Spatel nach unten.

**2.** Waschen und trocknen Sie den Estragon und geben Sie diesen mit Lorbeerblatt, Pfefferkörnern und Weißwein in den Mixtopf. Kochen Sie die Mischung 10 Minuten/ Varoma/ Stufe 1 ohne Messbecher. Gießen Sie anschließend die Mischung durch ein feines Sieb und fangen Sie den Weißweinsud in einer Schale auf.

**3.** Als Nächstes schmelzen Sie die Butter im Mixtopf 4 Minuten/ 70°C/ Stufe 2 und füllen diese in ein Schälchen um.

**4.** Setzen Sie den Schmetterling in den Mixtopf ein und schlagen Sie nun das Eigelb und den Weißweinsud im Mixtopf 8 Minuten/ 70°C/ Stufe 4 auf.

**5.** Anschließend kochen Sie die Sauce 5 Minuten/ 80°C/ Stufe 4 und gießen die geschmolzene Butter auf den Mixtopfdeckel mit Messbecher. So kann die Butter nach und nach in den Mixtopf einfließen und sich gleichmäßig mit der Sauce verbinden. Schmecken Sie die Sauce zuletzt mit Salz, Piment und Zitronensaft ab.

Schwierigkeitsgrad: leicht

Zubereitungszeit: 5 Minuten

Zutaten für 300 g

# Pesto

- 100 g Walnusskerne
- 50 g Pinienkerne
- 50 g Cashewkerne
- 50 g Parmesan
- 100 g Olivenöl
- Salz, nach Belieben
- Pfeffer, nach Belieben
- etwas Abrieb von1 Bio-Zitrone

1. Rösten Sie Walnusskerne, Pinienkerne und Cashewkerne in einer beschichteten Pfanne ohne Fett goldbraun an und lassen Sie sie abkühlen.

2. Währenddessen zerkleinern Sie den Parmesan im Mixtopf 10 Sekunden/ Stufe 10.

3. Geben Sie die gerösteten Walnüsse, Pinienkerne und Cashewkerne mit dem Öl in den Mixtopf und zerkleinern Sie die Mischung 10 Sekunden/ Stufe 10.

4. Schmecken Sie das Pesto mit Salz, Pfeffer und Zitronenabrieb ab. Verrühren Sie das Pesto 10 Sekunden/ Stufe 6.

Schwierigkeitsgrad: leicht
Zubereitungszeit: 5 Minuten
Zutaten für 4 Portionen

# Chimichurri Sauce

- 1 EL frischer Oregano, gehackt
- 1 EL frischer Thymian, gehackt
- Salz, nach Belieben
- Pfeffer, nach Belieben
- 1 Lorbeerblatt
- 1 große Zwiebel, halbiert
- 2 Knoblauchzehen
- ½ Chilischote, entkernt
- 1 Bund Blattpetersilie, gewaschen
- 2 EL Weißweinessig, alternativ Limettensaft
- 20 g Rapsöl

**1.** Rösten Sie in einer Pfanne Oregano, Thymian, Salz, Pfeffer und das Lorbeerblatt ohne Öl an und geben Sie es in einen Mörser. Zerstoßen Sie darin die Gewürze und geben Sie sie mit der Zwiebel, dem Knoblauch, der Chilischote, der Petersilie, dem Essig und dem Öl in den Mixtopf.

**2.** Zerkleinern Sie alle Zutaten 10 Sekunden/ Stufe 8, schieben Sie die Stücke mit dem Spatel nach unten und wiederholen Sie den Vorgang erneut 5 Sekunden/ Stufe 8. Schmecken Sie die Chimichurri Sauce nochmal mit Salz und Pfeffer ab. Somit ist die Sauce fertig.

**TIPP:** Die Chimichurri Sauce passt perfekt zu gegrilltem Rindfleisch.

Schwierigkeitsgrad: leicht
Zubereitungszeit: 5 Minuten
Zutaten für 6 Portionen

# Piemonteser Sardellensauce – *Bagna Cauda*

- 1 Knoblauchzehe
- 80 g Olivenöl
- 100 g Sardellenfilets
- Saft von 1 Zitrone

**1.** Für die Sauce zerkleinern Sie zuerst den Knoblauch im Mixtopf 5 Sekunden/ Stufe 5 und schieben die Stücke mit dem Spatel nach unten. Anschließend gießen Sie das Öl ein und schwitzen die Knoblauchstücke 2 Minuten/ 90°C/ Stufe 1 an.

**2.** Fügen Sie dann die Sardellenfilets hinzu und zerkleinern Sie die Zutaten 10 Sekunden/ Stufe 8. Schieben Sie die Stücke mit dem Spatel nach unten, würzen Sie die Sauce mit Salz, Pfeffer und Zitronensaft und vermischen Sie sie 50 Sekunden/ Stufe 5.

**3.** Servieren Sie die Sauce noch warm.

**TIPPS:** Geniessen Sie die Sauce einfach mit ein paar Gemüsesticks.
Knoblauch verbrennt sehr schnell und wird dann bitter, also Vorsicht beim Anschwitzen.

Schwierigkeitsgrad: leicht

Zubereitungszeit: 5 Minuten

Zutaten für 6 Portionen

# Frankfurter grüne Sauce

- 1 Schalotte, halbiert
- 70 g Rapsöl
- 1 Bund Frankfurter grüne Kräuter
- 20 g Dijon Senf
- 2 hartgekochte Eier, geschält, halbiert
- Salz, nach Belieben
- Pfeffer, nach Belieben
- 50 g saure Sahne

**1.** Als Erstes zerkleinern Sie die Schalotte im Mixtopf 5 Sekunden/ Stufe 5 und schieben die Stücke mit dem Spatel nach unten. Gießen Sie 20 g Öl ein und dünsten Sie die Schalotte darin 2 Minuten/ Varoma/ Stufe 1 an.

**2.** Waschen Sie die Kräuter und geben Sie sie mit Senf, Eiern, Salz und Pfeffer in den Mixtopf. Zerkleinern Sie die Zutaten 10 Sekunden/ Stufe 8 und schieben Sie die Stücke mit dem Spatel nach unten. Zerkleinern Sie alles dann erneut 5 Sekunden/ Stufe 8.

**3.** Schmecken Sie die Sauce nochmals mit Salz und Pfeffer ab und fügen Sie die saure Sahne hinzu. Geben Sie noch die restlichen 50 g Rapsöl hinzu und verrühren Sie die Sauce 20 Sekunden/ Stufe 3.

**TIPP:** Frankfurter Grüne Kräuter sind: Schnittlauch, Borretsch, Kerbel, Kresse, Petersilie, Pimpinelle und Sauerampfer.

Schwierigkeitsgrad: leicht
Zubereitungszeit: 5 Minuten
Zutaten für 8 Portionen

# Zitronen-Thymian-Gremolata

- 1 Bund glatte Petersilie
- 1 Bund Thymian
- 1 Knoblauchzehe
- 100 g Olivenöl
- Salz, nach Belieben
- Pfeffer, nach Belieben
- Abrieb von 1 Bio-Zitrone

1. Waschen Sie die Petersilie und den Thymian und tupfen Sie beides trocken.

2. Zerkleinern Sie nun die Petersilie, den Thymian und den Knoblauch im Mixtopf 15 Sekunden/ Stufe 5 und schieben Sie die Stücke mit dem Spatel nach unten.

3. Geben Sie das Olivenöl hinzu, würzen Sie die Mischung mit Salz, Pfeffer und dem Zitronenabrieb und vermischen Sie die Gremolata 10 Sekunden/ Stufe 3.

! **TIPP**: Die Gremolata passt sehr gut zu Fisch oder Risotto.

Schwierigkeitsgrad: leicht
Zubereitungszeit: 5 Minuten
Zutaten für 4 Portionen

# Pistou

- 1 Bund glatte Petersilie
- 1 Bund Majoran
- 1 Knoblauchzehe
- 100 g Olivenöl
- Abrieb von 1 Bio-Zitrone
- Salz, nach Belieben
- Pfeffer, nach Belieben
- 70 g Lardo (italienischer fetter Speck)

**1.** Als Erstes waschen Sie die Petersilie und den Majoran und tupfen Sie beide Kräutersorten trocken.

**2.** Geben Sie die Petersilie, den Majoran und den Knoblauch in den Mixtopf und zerkleinern Sie die Zutaten 15 Sekunden/ Stufe 5. Schieben Sie die Stücke mit dem Spatel nach unten und geben Sie das Olivenöl hinzu.

**3.** Würzen Sie die Mischung mit dem Zitronenabrieb und etwas Salz und Pfeffer. Verrühren Sie die Zutaten nun 10 Sekunden/ Stufe 2.

**4.** Schneiden Sie den Lardo in kleine Würfel und mischen Sie ihn dann 5 Sekunden/ Linkslauf/ Stufe 1 in die Pistou-Sauce ein.

**TIPPS**: Pistou, auch Sauce au Pistou genannt, ist eine kalte Sauce der provenzalischen Küche. Mit ihr kann man wunderbar Suppen oder Pastagerichte verfeinern.
Der Lardo lässt sich besser schneiden, wenn Sie ihn für 20 Minuten ins Gefrierfach legen.

# Gebäck

Schwierigkeitsgrad: mittel
Zubereitungszeit: 20 Minuten
Backzeit: 15 Minuten, 200°C Ober-/Unterhitze
Backutensilien: Backblech
Zutaten für 35 Stück

# Gougères

- 250 g Wasser
- 1 Prise Salz
- Pfeffer, nach Belieben
- 70 g Butter, weich, in Stücken
- 200 g Mehl
- 3 Eier, Größe M
- 150 g Gruyère, in kleinen Würfeln

1. Kochen Sie das Wasser zusammen mit einer Prise Salz, dem Pfeffer und der Butter im Mixtopf 8 Minuten/ Varoma/ Stufe 1 auf.

2. Geben Sie das Mehl dazu und rühren Sie es 3 Minuten/ Teigknetstufe ein.

3. Danach fügen Sie 2 Eier hinzu und arbeiten diese 1 Minute/ Teigknetstufe in den Teig ein.

4. Geben Sie dann auch die Käsewürfel dazu und rühren Sie diese 1 Minute/ Teigknetstufe ein. Die Masse sollte dabei nicht mehr heiß sein.

5. Belegen Sie ein Backblech mit Backpapier und heizen Sie den Backofen auf 200°C Ober-/Unterhitze vor.

6. Trennen Sie das verbliebene Ei und verquirlen Sie das Eigelb in einem Schälchen mit 2 EL Wasser.

7. Aus dem Teig formen Sie etwa 15 g schwere Kugeln und verteilen diese auf das Backblech. Bestreichen Sie die Kugeln mit dem Eigelb und backen Sie die Bällchen im vorgeheizten Backofen 15 Minuten/ 200°C Ober-/Unterhitze goldbraun aus.

**TIPP:** Es ist wichtig, dass der Käse gut untergearbeitet wird, damit er nicht ausläuft.

Schwierigkeitsgrad: mittel

Zubereitungszeit: 20 Minuten

Ruhezeit: 35 Minuten

Backzeit: 10-12 Minuten, 230°C Ober-/Unterhitze

Zutaten für 15 Stangen

# Ährenbrot

30 g Hefe, frisch

1000 g Mehl

40 g Salz

700 g Wasser, warm

**1.** Für den Teig zerbröseln Sie die Hefe in den Mixtopf und lösen diese mit 2 EL von dem Wasser 2 Minuten/ 37°C/ Stufe 2 auf.

**2.** Geben Sie dann das restliche Wasser, das Mehl und das Salz hinzu und verrühren Sie die Zutaten mithilfe des Spatels 4 Minuten/ Teigknetstufe zu einem glatten Teig. Lassen Sie den Teig 5 Minuten im Mixtopf ruhen.

**3.** Als Nächstes formen Sie auf einer bemehlten Arbeitsfläche 15 Stangen aus dem Teig, decken diese mit einem Küchentuch ab und lassen diese 30 Minuten ruhen.

**4.** Danach heizen Sie den Ofen auf 230°C Ober-/Unterhitze vor und legen ein Backblech mit Backpapier aus.

**5.** Verteilen Sie die Stangen auf das Backblech und bestäuben Sie sie mit Mehl. Für die typische Ährenform schneiden Sie die Stangen mit einer Schere links und rechts ein und ziehen die Segmente nach außen.

**6.** Gießen Sie ein Glas Wasser auf den Boden des Ofens und backen Sie die Ähren im vorgeheizten Backofen 10-12 Minuten/ 230°C Ober-/Unterhitze goldbraun aus.

**TIPP**: Diese typisch französischen Brote sind richtig gebacken, wenn die Spitzen schön braun und knusprig sind, der Körper aber noch elastisch ist.

| |
|---|
| Schwierigkeitsgrad: leicht |
| Zubereitungszeit: 25 Minuten |
| Ruhezeit: 2 Stunden |
| Backzeit: 15-20 Minuten, 190°C Umluft |
| Backutensilien: Nudelmaschine oder Nudelholz |
| Zutaten für ca. 600 g Teig |

# Schwedisches Knäckebrot

- 25 g Hefe
- 250 g Wasser, lauwarm
- 300 g Roggenmehl, Type 997
- 200 g Weizenmehl, Type 550
- 10 g Kümmel
- 20 g Salz

1. Lösen Sie als Erstes die Hefe mit dem Wasser im Mixtopf 2 Minuten/ 37°C/ Stufe 2 auf.

2. Fügen Sie dann Roggenmehl, Weizenmehl, Kümmel und Salz hinzu und verrühren Sie alle Zutaten 8-10 Minuten/ Teigknetstufe zu einem Teig.

3. Wickeln Sie den Teig in Frischhaltefolie und legen Sie ihn für 2 Stunden in den Kühlschrank.

4. Heizen Sie den Backofen auf 190°C Umluft vor und belegen Sie ein Backblech mit Backpapier. Rollen Sie den Teig portionsweise mit einer Nudelmaschine zu dünnen Teigplatten. Wer keine Nudelmaschine hat, kann dies auch mit einem Nudelholz machen. Legen Sie die Teigplatten auf das mit Backpapier belegte Backblech, bedecken Sie die Teigplatten mit Backpapier und beschweren Sie diese mit einem zweiten Backblech. Backen Sie die Teigplatten im vorgeheizten Backofen 15-20 Minuten ohne das Backblech als Abdeckung. Lassen Sie die Brotplatten nach der Backzeit auskühlen und brechen Sie sie dann in Stücke.

**TIPP**: Anstatt Kümmel kann man auch Kreuzkümmel, Sesam, Mohn oder andere Gewürze nehmen. Grössere Gewürzkörner müssen vorher im Mörser zerkleinert werden, ansonsten haften sie nicht im Teig.

| |
|---|
| Schwierigkeitsgrad: leicht |
| Zubereitungszeit: 15 Minuten |
| Ruhezeit: mindestens 60 Minuten |
| Backzeit: 30 Minuten, 220°C Ober-/Unterhitze |
| Backutensilien: Backblech |
| Zutaten für 1 Stück |

# Schafskäse-Minze-Focaccia

| **Für den Teig:** |
|---|
| 25 g Hefe, frisch |
| 200 g Wasser, lauwarm |
| 350 g Mehl |
| ½ TL Salz |
| Mehl zum Bestäuben |

| **Für die Füllung:** |
|---|
| 150 g Räucherspeck |
| 10 g Olivenöl |
| 5 Stängel Minze |
| 150 g weicher Schafskäse |
| Salz, nach Belieben |
| Pfeffer, nach Belieben |
| 1 Eigelb, Größe M |

1. Zerbröseln Sie die Hefe in den Mixtopf und lösen Sie sie mit 2 EL Wasser 2 Minuten/ 37°C/ Stufe 2 auf.

2. Fügen Sie das Mehl, das Salz und das übrige Wasser hinzu und vermischen Sie die Zutaten 3 Minuten/ Teigknetstufe zu einem glatten Teig.

3. Den Teig formen Sie zu einer Kugel und legen diese in eine mit Mehl bestäubte Schale. Schneiden Sie die Teigkugel kreuzweise ein und bestäuben Sie sie mit etwas Mehl. Bedecken Sie die Schale mit einem sauberen Küchentuch und lassen Sie den Teig an einem warmen Ort mindestens 30 Minuten ruhen.

4. In der Zwischenzeit schneiden Sie den Speck in kleine Würfel und braten diese in einer heißen Pfanne mit Olivenöl goldbraun an. Lassen Sie den Speck anschließend in einem Sieb abtropfen. Fangen Sie das Speckfett dabei in einer Schale auf und stellen Sie es beiseite.

5. Waschen Sie die Minze, schwenken Sie sie trocken und hacken Sie sie fein. Den Schafskäse schneiden Sie in kleine Würfel und geben ihn mit der gehackten Minze und dem gebratenen Speck in eine kleine Schüssel. Vermischen Sie die Zutaten und würzen Sie diese mit Salz und Pfeffer.

6. Verquirlen Sie mit einer Gabel das Eigelb und vermischen Sie es mit der Schafkäse-Minze-Speck-Mischung in dem Schälchen.

7. Kneten Sie den Teig auf einer mit Mehl bestäubten Arbeitsfläche mit den Händen kurz durch und rollen Sie ihn auf einem mit Backpapier belegten Backblech rund aus. Belegen Sie den Teig mit der Schafskäse-Minz-Speck-Mischung und rollen diese mit der Teigrolle in den Teig ein. Kneten Sie den Teig, bis sich alle Zutaten gleichmäßig verteilt haben, und drücken Sie ihn mit den Handballen glatt.

8. Heizen Sie den Backofen auf 220°C Ober-/Unterhitze vor.

9. Decken Sie den Teig mit einem Küchentuch ab und lassen Sie ihn etwa 30 Minuten an einem warmen Ort ruhen.

10. Bestreichen Sie die Oberfläche mit dem Speckfett und stechen Sie sie mit einer Gabel mehrfach ein.

11. Backen Sie die Focaccia auf der mittleren Schiene des Backofens 30 Minuten/ 220°C Ober-/Unterhitze goldbraun aus.

Schwierigkeitsgrad: leicht
Zubereitungszeit: 10 Minuten
Ruhezeit: 40 Minuten
Backzeit: 10-15 Minuten, 180°C Ober-/Unterhitze
Backutensilien: Backblech
Zutaten für 20-25 kleine Brötchen

# Kümmel-Brioche

- 21 g frische Hefe
- 50 g Wasser
- 70 g Milch
- 200 g Mehl, Type 405
- 5 g Salz
- 20 g Butter, weich
- 25 kleine Butterwürfel
- 20 g Kümmel, ganz

1. Zerbröseln Sie die Hefe in den Mixtopf und lösen Sie sie mit dem Wasser und der Milch 2 Minuten/ 37°C/ Stufe 2 auf.

2. Geben Sie das Mehl, das Salz und die 20 g Butter dazu und verrühren Sie die Mischung 5 Minuten/ Teigknetstufe zu einem homogenen Teig. Füllen Sie diesen in eine mit Mehl bestäubte Schale, decken Sie diese mit einem Küchentuch ab und lassen Sie den Teig an einem warmen Ort 20 Minuten ruhen.

3. Heizen Sie den Backofen auf 180°C Ober-/Unterhitze vor.

4. Nach der Ruhezeit formen Sie aus dem Teig etwa 15 g schwere Kugeln und legen diese auf ein mit Backpapier belegtes Backblech. Lassen Sie zwischen den Kugeln immer etwas Platz, da der Teig noch aufgeht. Decken Sie die Kugeln mit einem Küchentuch ab und lassen Sie sie weitere 20 Minuten ruhen.

5. Drücken Sie danach jeweils einen Würfel Butter in jede Kugel und bestreuen Sie diese mit Kümmel. Backen Sie die Teigkugeln im vorgeheizten Backofen 10-15 Minuten/ 180°C Ober-/Unterhitze goldbraun aus.

# DESSERTS

Schwierigkeitsgrad: leicht
Zubereitungszeit: 15 Minuten
Zutaten für 4 Portionen

# Erdbeeren in Senfsauce

- 1 Vanilleschote
- 200 g Sahne, kalt
- 20 g Zucker
- 500 g Erdbeeren
- 50 g brauner Zucker
- Saft von ½ Zitrone
- 10 g scharfer Senf
- 50 g Olivenöl
- 80 g alter Balsamicoessig

1. Als Erstes schneiden Sie vorsichtig die Vanilleschote längs ein und kratzen mithilfe eines Löffels das Vanillemark heraus. Geben Sie dieses in den Mixtopf.

2. Setzen Sie den Schmetterling ein und schlagen Sie die Sahne mit dem Zucker und dem Vanillemark im Mixtopf unter Beobachtung auf Stufe 3 steif. Füllen Sie die Sahne in eine Schale um und stellen Sie diese bis zu ihrer Weiterverarbeitung in den Kühlschrank.

3. Nun waschen, verlesen und halbieren Sie die Erdbeeren und geben 100 g der Erdbeeren in den Mixtopf. Die anderen Erdbeeren geben Sie in eine Schale.

4. Geben Sie nun braunen Zucker, Zitronensaft, Senf, Olivenöl und Balsamicoessig in den Mixtopf und lassen Sie sie 10 Minuten durchziehen. Pürieren Sie die Erdbeeren anschließend 10 Sekunden/ Stufe 7.

5. Richten Sie die Erdbeeren in der Schale mit dem Erdbeerpüree beträufelt und der aufgeschlagenen Sahne an.

Schwierigkeitsgrad: mittel

Zubereitungszeit: 25 Minuten

Ruhezeit: mindestens 10 Stunden

Zutaten für 4 Portionen

# Weißkäsemousse

**Für die Mousse:**

- 250 g Sahne, kalt
- 2 Vanilleschoten
- 250 g Speisequark, 40% Fettgehalt
- 80 g Zucker
- 2 Bio-Zitronen
- 5 Eiweiß, Größe M
- 1 Prise Salz

**Für das Backobst:**

- 40 g getrocknete Birnen
- 40 g getrocknete Apfelringe
- 60 g Backpflaumen
- 50 g Dörraprikosen
- 1 Vanilleschote
- 1 Zimtstange
- 50 g Zucker
- 500 g Assam-Tee, heiß
- 100 g Pflaumensaft

1. Setzen Sie den Schmetterling in den Mixtopf ein und schlagen Sie die Sahne darin unter Beobachtung auf Stufe 3 auf. Füllen Sie die geschlagene Sahne anschließend in eine Schale um.

2. Schneiden Sie die Vanilleschoten vorsichtig längs ein und kratzen Sie mithilfe eines Löffels das Vanillemark heraus. Geben Sie dieses mit Quark und 40 g Zucker in den Mixtopf.

3. Waschen Sie die Zitronen unter heißem Wasser ab, trocknen Sie sie und reiben Sie mit einer feinen Reibe die Schale in den Mixtopf.

4. Verrühren Sie nun die Zutaten 1 Minute/ Stufe 3 und heben Sie die Quarkcreme mit einem Schneebesen unter die geschlagene Sahne.

5. Reinigen und trocknen Sie den Mixtopf gründlich. Es dürfen keine Fettreste übrig bleiben.

6. Setzen Sie den Schmetterling in den Mixtopf ein und schlagen Sie das Eiweiß mit einer Prise Salz darin 4 Minuten/ Stufe 4 zu Eischnee. Lassen Sie dabei 40 g Zucker langsam durch die Deckelöffnung einrieseln. Heben Sie den Eischnee dann mit einem Schneebesen unter die Quarkmasse.

7. Hängen Sie ein Sieb in eine Schale ein, belegen Sie dieses mit einem sauberen Küchentuch und befüllen Sie dieses mit der Quarkmasse. Lassen Sie die Quarkmasse darin über Nacht im Kühlschrank abtropfen.

8. Bereiten Sie nach der Quarkmasse das Backobst vor, da es ebenfalls über Nacht ziehen muss. Dafür geben Sie die getrockneten Birnen, die Apfelringe, die Backpflaumen und die Aprikosen zusammen mit der Vanilleschote, der Zimtstange und dem Zucker in eine Schale. Vermischen Sie die Mischung mit den Händen und übergießen Sie diese mit dem heißen Tee. Lassen Sie das Obst über Nacht durchziehen.

9. Vor dem Servieren kochen Sie die Backobstmischung zusammen mit dem Sud und dem Pflaumensaft nochmals in einem Topf oder im Mixtopf 10 Minuten/ Varoma/ Linkslauf/ Stufe 1 auf. Nun geben Sie immer einen Löffel von der Mousse in Nocken geformt auf die Teller und richten sie mit etwas Backobst und Sauce an.

**TIPP**: Wenn Sie die ausgekratzten Vanilleschoten in den normalen Haushaltszucker legen, ergibt sich mit der Zeit ein herrlich aromatischer Vanillezucker. Das Vanillearoma sitzt hauptsächlich in der fermentierten Schale der Vanilleschote. Verwenden Sie also, wann immer möglich, beim Kochen auch die Vanilleschalen, z.B. bei der Zubereitung von Sirup.

Schwierigkeitsgrad: mittel

Zubereitungszeit: 30 Minuten

Kühlzeit: 4 Stunden

Backzeit: ca. 10 Minuten, 160°C Ober-/Unterhitze

Backutensilien: Silikon-Backmatte, Backblech

Zutaten für 5 Portionen

# New York Cheesecake Crème

**Für die New York Cheesecake Crème:**

125 g Löffelbiskuits

250 g Frischkäse, z.B. Philadelphia

100 g Zucker

50 g Butter, in Stücken

½ Vanilleschote

1 Bio-Orange

1 Bio-Zitrone

**Für die gebrannte Schokolade:**

100 g weiße Schokolade, z.B. von Valrhona Ivoire 35 %

**1.** Zerkleinern Sie für die Crème die Löffelbiskuits im Mixtopf 10 Sekunden/ Stufe 10. Geben Sie 50 g Frischkäse und Zucker hinzu.

**2.** Erhitzen Sie die Butter in einem kleinen Topf, bis sich die Molke goldbraun färbt.

**3.** Schneiden Sie die Vanilleschote vorsichtig mit einem Messer längs ein und kratzen Sie mithilfe eines Löffels das Mark einer Hälfte heraus. Geben Sie auch dieses in den Mixtopf.

**4.** Waschen Sie nun die Orange und die Zitrone unter warmem Wasser ab, trocknen Sie sie und reiben Sie von beiden Zitrusfrüchten mit einer feinen Reibe die Schale in den Mixtopf. Pressen Sie anschließend von der Orange und der Zitrone den Saft aus und geben Sie auch diesen in den Mixtopf. Verrühren Sie die Zutaten 2 Minuten/ Stufe 2 zu einer Masse. Geben Sie dabei die restlichen 200 g Frischkäse und die erkaltete Butter nach und nach durch die Deckelöffnung dazu.

**5.** Füllen Sie die Crème in eine Schale um und stellen Sie sie bis zu ihrer Weiterverarbeitung in den Kühlschrank.

**6.** Breiten Sie die Schokolade auf einer Silikon-Backmatte oder Backpapier aus, legen Sie diese auf ein Backblech und heizen Sie den Backofen auf 160°C Ober/Unterhitze vor. Backen Sie die Schokolade im vorgeheizten Backofen ca. 10 Minuten/ 160°C Ober-/Unterhitze und vermengen sie alle 3 Minuten mit einem Löffel, sodass sie gleichmäßig karamellisiert. Stellen Sie sie danach kalt und brechen Sie sie in Stücke.

**7.** Servieren Sie die Crème in Schälchen und verteilen Sie darauf ein paar Stücke der karamellisierten Schokolade.

**TIPPS**: Dazu passt ein Champagner-Granité sehr gut.
Wenn Sie Ihr Dessert farblich variieren möchten, hacken Sie 25 g geröstete Pistazienkerne und streuen sie darüber.

| |
|---|
| Schwierigkeitsgrad: leicht |
| Zubereitungszeit: 20-25 Minuten |
| Backzeit: 6-8 Minuten, 180°C Ober-/Unterhitze |
| Utensilien: 4 kleine ofenfeste Förmchen |
| Zutaten für 4 Portionen |

# Schokoladenkuchen

| **Für die Kuchen:** |
|---|
| 200 g Schokolade, mind. 60 % Kakaogehalt, in Stücken |
| 200 g Butter, weich, in Stücken |
| 4 Eier, Größe M |
| 30 g Zucker |
| Butter für die Förmchen |

| **Für die Dattelmarmelade:** |
|---|
| 100 g Orangensaft, frisch gepresst |
| 60 g Zucker |
| 200 g Datteln |
| 1 Vanilleschote |
| 2 TL frischer Ingwer, in Würfeln |
| 2 Sternanis |

**1.** Streichen Sie vier kleine ofenfeste Förmchen mit etwas Butter aus und verteilen Sie diese auf ein Backblech. Heizen Sie den Backofen auf 180°C Ober-/Unterhitze vor.

**2.** Für den Schokoladenkuchen zerkleinern Sie zuerst die Schokolade im Mixtopf 8 Sekunden/ Stufe 8 und schieben die Stücke mit dem Spatel nach unten. Geben Sie die Butter dazu und schmelzen Sie die Schokolade 5 Minuten/ 50°C/ Stufe 1. Füllen Sie die geschmolzene Schokolade in eine Schale um.

**3.** Reinigen Sie den Mixtopf grob und spülen Sie ihn mit kaltem Wasser aus.

**4.** Setzen Sie den Schmetterling in den Mixtopf ein und schlagen Sie die Eier mit dem Zucker im Mixtopf 5 Minuten/ Stufe 4 schaumig auf. Heben Sie danach die Zucker-Ei-Mischung mit einem Schneebesen locker unter die Schokoladenmasse und verteilen Sie diese in die eingefetteten Förmchen. Backen Sie die Kuchen ca. 6-8 Minuten/ 180°C Ober-/Unterhitze aus.

**5.** Für die Dattelmarmelade pressen Sie 100 g Orangensaft aus und bewahren ihn in einem Schälchen auf. Schmelzen Sie dann den Zucker unter ständigem Rühren bei mittlerer Hitze in einem Topf. Wenn der Zucker beginnt braun zu werden, geben Sie die Datteln dazu und löschen die Mischung mit dem Orangensaft ab. Fügen Sie dann auch die Vanilleschote, den Ingwer und den Sternanis hinzu und lassen die Mischung so lange kochen, bis die Datteln weich sind. Entfernen Sie den Sternanis und die Vanilleschote wieder und pürieren Sie die Dattelmischung im Mixtopf 30 Sekunden/ Stufe 10. Füllen Sie die Marmelade in eine Schale und lassen Sie sie erkalten.

**6.** Zum Anrichten lösen Sie den Schokoladenkuchen aus der Form. Verstreichen Sie jeweils 1 EL der Marmelade auf die Teller und richten Sie daneben die Kuchen an.

! **TIPP:** Zu diesem Dessert passt ein erfrischendes Mangosorbet gut.

# Kochen mit Kindern

Schwierigkeitsgrad: leicht
Zubereitungszeit: 10 Minuten
Zutaten für 2 Portionen

# Carbonara-Sauce

- 50 g Pancetta (italienischer Bauchspeck)
- 10 g Pflanzenöl, z.B. Sonnenblumenöl
- 20 g Parmesan
- 20 g Pecorino
- 2 Eier, Größe M
- 50 g Vollmilch
- Salz, nach Belieben
- Pfeffer, nach Belieben
- 2 EL Petersilie, fein geschnitten

**1.** Schneiden Sie den Pancetta in feine Streifen und braten Sie diese in einer heißen Pfanne mit Pflanzenöl knusprig an. Geben Sie danach die Pancetta-Streifen zum Auskühlen mit dem Fett in einen tiefen Teller.

**2.** Zerkleinern Sie den Parmesan und den Pecorino im Mixtopf 10 Sekunden/ Stufe 10 und schieben Sie die Stücke mit dem Spatel nach unten.

**3.** Fügen Sie Eier, Milch, Salz, Pfeffer und Petersilie hinzu und vermengen Sie die Zutaten 1 Minute/ Stufe 3.

**4.** Geben Sie zuletzt die ausgekühlten Pancetta-Streifen dazu und rühren Sie diese 1 Minute/ Linkslauf/ Stufe 1 ein.

**5.** Servieren Sie die Sauce mit einer frisch gekochten heißen Pasta. Vermengen Sie die Sauce mit der Pasta, bis die Sauce gebunden ist.

**TIPP:** Wenn Ihnen die Pasta zu trocken vorkommt, können Sie etwas vom Kochwasser hinzugeben. Ich hebe mir immer eine Tasse Kochwasser auf, wenn ich meine Lieblingspasta mache.

VORWERK

Schwierigkeitsgrad: mittel
Zubereitungszeit: 25 Minuten
Ruhezeit: 1 Stunde
Utensilien: Springform, ø 26 cm
Zutaten für 1 Glas

# Marshmallows nach Gusto

- 12 Blatt Gelatine
- 90 g Wasser
- 400 g Zucker
- 50 g Orangenblütenwasser
- 60 g Eiweiß
- 1 Prise Salz
- 50 g Puderzucker
- 50 g Maisstärke

**1.** Geben Sie als Erstes die Gelatineblätter in eine Schale und bedecken Sie diese vollständig mit kaltem Wasser. Lassen Sie die Gelatineblätter mindestens 5 Minuten darin einweichen.

**2.** Vermischen Sie das Wasser und den Zucker im Mixtopf 10 Sekunden/ Stufe 4 und erhitzen Sie die Mischung 10 Minuten/ Varoma/ Stufe 1. Füllen Sie das Wassergemisch anschließend in eine Schale um.

**3.** Reinigen und trocknen Sie den Mixtopf sehr gründlich.

**4.** Drücken Sie die Gelatineblätter gut aus und lösen Sie sie mit dem Orangenblütenwasser in einem Topf bei mittlerer Hitze unter ständigem Rühren auf. Stellen Sie den Topf beiseite.

**5.** Als Nächstes setzen Sie den Schmetterling in den Mixtopf ein und schlagen darin das Eiweiß mit einer Prise Salz 4 Minuten/ Stufe 4 auf.

**6.** Anschließend geben Sie die Wasser-Zucker-Mischung nach und nach ohne Zeiteinstellung auf Stufe 3 durch die Deckelöffnung dazu.

**7.** Geben Sie danach auch die Gelatine-Orangenblütenwasser-Mischung auf Stufe 3 nach und nach durch die Deckelöffnung hinzu und lassen Sie die Marshmallow-Masse so lange rühren, bis sie luftig-fest wird.

**8.** Mischen Sie Puderzucker und Maisstärke zu gleichen Teilen in einer Schale und bestäuben Sie mit der Hälfte dieser Mischung gleichmäßig die Springform. Verteilen Sie nun die Marshmallow-Masse in der Form, streichen Sie sie glatt und bestreuen Sie diese mit einer feinen Schicht Puderzucker-Maisstärke. Lassen Sie die Masse etwa 1 Stunde im Kühlschrank ruhen bis sie fest wird, ohne dass sich eine Kruste bildet.

**9.** Nehmen Sie zu guter Letzt die Marshmallow-Masse aus dem Rahmen und entfernen Sie den Überschuss an Puderzucker-Maisstärke. Schneiden Sie sie in mundgerechte Stücke. Füllen Sie die Marshmallows in ein Schraubglas und bewahren Sie dieses an einem kühlen Ort auf. Verbrauchen Sie die Marshmallows innerhalb von drei Tagen.

**TIPPS:** Orangenblütenwasser entsteht bei der Destillation der Blütenknospen des Pomeranzenbaumes. Seine Frucht, die Pomeranze, ist eine Bitterorange mit grüner Schale und rauer Haut.
Sie können die Marshmallows auch in ein dekoratives Bonbonglas füllen, so sind sie immer zum Naschen griffbereit und Sie erhalten somit z.B. auch ein nettes Mitbringsel zu einer Einladung.

Schwierigkeitsgrad: leicht
Zubereitungszeit: 10 Minuten
Zutaten für 8 Portionen

# Sabayon/ Omas Eischaum

- 8 Eigelb, Größe M
- 400 g Zucker
- 200 g Portwein
- 100 g Beeren der Saison, z.B. Erdbeeren, Brombeeren, Himbeeren

1. Setzen Sie als Erstes den Schmetterling in den Mixtopf ein und schlagen Sie das Eigelb mit Zucker und Portwein 8 Minuten/ 70°C/ Stufe 3 auf.

2. Füllen Sie die noch warme Creme in Gläser um. Dekorieren Sie die Creme mit den Beeren und servieren Sie sie. Viel Spaß beim Genießen.

! **TIPP**: Anstelle von Portwein kann man auch Apfelsaft nehmen.

# Ebenfalls erschienen in der mixtipp Profilinie

## mixtipp Profilinie: Meine Schokolade

Schokoladentester, Pâtissier, Confiseur - Georg Bernadini ist ein Profi auf dem Gebiet der Schokolade. Er hat mit Georgia Ramon eine eigene Schokoladenmarke kreiert und ist einer der wenigen in Deutschland, der die Schokolade nach dem sogenannten „bean to bar"-Prinzip produziert. Von der Bohne bis zur fertigen Tafel wird die Schokolade selbst hergestellt. In diesem Buch hat Bernardini für das Team mixtipp die köstlichsten Schokoladenrezepte zusammengestellt.

Neben einem ausführlichen Einblick in die Geschichte der Schokolade und der Verarbeitung von Kakaobohnen enthält das Buch eine vielfältige Sammlung schokoladiger Rezepte: Von Basisrezepten für Tortenböden und selbst gemachten Schokoladentafeln bis hin zu üppigen Sahnetorten und herzerwärmenden Getränken. Auch hier wird die Schokolade von der Bohne an selbst hergestellt. Klassische Schokoladentorten, wie die Schwarzwälder Kirschtorte oder eine Sachertorte dürfen dabei nicht fehlen und auch die Welt der Pralinenherstellung wird einem nicht vorenthalten.

Das Allerbeste daran ist, dass die Köstlichkeiten ganz leicht mit dem TM 31 und TM 5 zu Hause nachgemacht werden können und das Herz eines jeden Schokoladenliebhabers höher schlagen lassen werden!

Warnhinweis für anonyme Schokoholiker: Achtung Suchtgefahr!

128 Seiten, Format: 20 x 25,5 cm, Hardcover, durchgehend farbig bebildert, ISBN: 978-3-945152-31-7, 19,99 €

## mixtipp Profilinie: Kapps Brot

Artisan Boulanger Peter Kapp bekannt als Juror von Deutschlands bester Bäcker lässt sich in den Mixtopf schauen. Mit Liebe, handwerklicher Tradition, besten Zutaten und dem Thermomix hat er seine leckersten Rezepte für das Team mixtipp zusammengestellt. Kapps Brote sind keine Industrieware, sondern wahre Backkunst. Da schmeckt einfach jedes Korn – ohne Kompromisse.

Neben einem ausführlichen Überblick vom Getreide bis zum Mehl, mit Zubereitungsanleitungen Schritt für Schritt vom Ansetzen bis zum Ausbacken, stellt er beliebte Backklassiker und seine besten Brot-Kreationen vor:

Sauerteigbrote wie das Mühlenbrot oder das Hefeweizen Dunkel, mediterrane Brote wie Pane di Castagne oder Pain Breton, Baguettes wie das Pain Bistrot Marius oder Vollkornbrote wie das Finnenbrot. Und als Highlight winkt die Peter Kapp-Spezialität: die Fougasse Sepia Amore. Über 30 Rezepte, die man einfach haben muss!

Nun können Sie ganz einfach alle Brotkreationen von Peter Kapp zu Hause nachbacken und selbst Deutschlands bester Bäcker werden.

120 Seiten, Format: 20 x 25,5 cm, Hardcover, durchgehend farbig bebildert, ISBN: 978-3-945152-76-8, 19,99 €